도로;시

도로;시

김효찬 시집

시인의 말

부조.

마음을 파내어 오직 그것만 남긴다.
부스러기는 어디로 갔을까.
글자가 되었으려나.

차례

시인의 말 9

1부 〈나의 결핍〉

시집은 말했다	15
해파리 태엽	17
홈	19
시가 아닌 구덩이	21
지구 반대편	22
박제가 되어버린 예술	24
사람하다	26
빈자리	28
잉크는 절망의 색	30
곁	32
곱사등이	34
부끄러움	36
육면체	38
편두통	40
폐	42
저수지	44
목마름	45
도하; 강을 건넌	46

2부 〈누군가의 결핍〉

헤엄	51
딱따구리	54
후천적인	58
고개를 숙이는 것	61
일찍 떠나가는 사람들	64
구덩이를 파내어서 묻었다	66
엄마	70
누군가가 채웠던 빈자리	72
네가 이걸 이해하지 못해서 다행이야	76
[ ]	79
세 글자	80
외로움	82
변명	85
신념	88
구원	90
에로스의 빈자리	92
가면	95
중력	98
맺음말. 우리들의 결핍	101

1부 나의 결핍

시집은 말했다

나는 당신의 결핍을 채워줄 수 없어요
당신 안의 구멍이는
누구도 무엇도 거대한 시간마저도
채울 수 없는 빈자리예요

나는 당신을 토닥일 손이 없어요
나는 당신에게 빌려줄 품이 없어요
나는 당신의 이야기를 들어줄 귀가 없어요

나에게 있는 것은 활자뿐이에요
당신의 눈으로 머리로 마음으로 슬그머니 기어가
구멍이 언저리를 포근히 덮어줄 이야기

어딘가에 살아가는 누군가는
어쩌면 살아가는 모든 누군가가
뻥 뚫린 빈 가슴을 안고 살아간다는 이야기
내가 줄 수 있는 것은
손수건만큼 작은 위로예요

눈물이 나면 페이지를 찢어 닦아요
종이가 젖어도 흐르게 내버려 둬요
당신의 슬픔에 입 맞춰 줄 테니

해파리 태엽

고통이 해일처럼 밀려오면
문을 열고
딱딱한 바닥에 누워
온몸을 펼쳐

파도 소리가 몸을 뚫고 지나가
바깥에 구멍을 숭숭 내고
안의 메마른 바다를 쓰다듬어

시간을 되감아서
영생을 사는 해파리에게
정말 삶이란 게 있을까?

고요히 흐르는 바다 밑바닥의 해류처럼
거대한 시간이 몸덩이를 휩쓸면
역사 속에서 나는 티끌이겠지

먼지야

해파리처럼 흐늘흐늘 헤엄쳐서 가렴

존재하지 않는 것처럼

한없이 가볍게

홈

홈에 걸음이 턱- 걸렸다
철푸덕 넘어졌다
흙바닥에 뺨을 대고 물었다
홈은 왜 있는 걸까요

달은 바다만큼 커다란 홈이 있단다
어둑한 자욱이 있으니
눈부시지 않고도 빤히 바라볼 수 있는
밤하늘의 빛이 되는 것이지

하지만 내 눈 앞에는 흙더미와 구덩이뿐인걸요
하늘은 보이지 않아요
너무 높고 멀어요

신발 밑창의 작은 홈을 보았니
신발도 바닥도 홈이 없었더라면
너를 보고서도 걸음을 멈추지 못했을 거야

손을 뻗어보렴
손가락 사이에 홈이 있으니
우리가 이렇게 서로를 얽어
내가 너를 끌어당길 수 있는 거야

툭툭 옷자락을 털고 일어났다
홈투성이 얼굴이 환해진다
보름달보다
더

시가 아닌 구덩이

구덩이
발에 턱 걸리는 구덩이
살덩이는 차 있는데 명치 아래를 비워버린 구덩이

구덩이는 어디에나 있어서
구덩이는 너무 당연해서
구덩이는 시가 될 수 없다

그러므로
구덩이

지구 반대편

한반도에서는 발 담글 수 없는 연못

혀를 내밀어 날름 찍어먹으면
대서양도 짭조름하겠지
눈물처럼

양쪽이 반짝거리는
런던과 뉴욕
거대한 철덩어리는 나풀 날아
세상을 더 뜨겁게 만든다

서쪽과 동쪽이 꼭 들어맞는
아프리카와 남미
울음은 말라 사하라사막이 되고
설움은 안데스 산맥만큼 높게 치솟는다
붉게 붉게 타오른다
가끔 사람이라면

양심과 사랑을 가진 사람이라면
넓고 평활한 태평양에다
얼굴을 처박고 울고 싶어진다

눈물이 해류를 타고 흘러흘러 대서양에 닿으면
적도 아래서 짓눌린 무덤에 비구름이 내릴까
묻히지도 못한 죽음 위에 푸르르게 수풀이 번질까

모른 척 고개를 돌리는 사람들의 흰 얼굴에 짠 빗물이
내리치면
찬물이 이성을 일깨울 수 있을까
세상이 조금 더 시원해지고 후련해질 수 있을까

나는 바다를 얼굴에 매달고
몸을 애써 움직인다 입을 일부러 연다 목을 찢는다
소리친다
자그마한 파도는 거대한 해일이 된다

'박제가 되어버린 예술'

상어 안쪽을 긁어내어 전시하면 예술
헤엄치던 육신을 목구멍으로 삼키면 학대

제국주의의 고향에서
해골에 다이아몬드를 붙이든
아무것에나 멋들어진 제목을 붙이든
그것을 누군가는 예술이라 부른다

대서양 구석마을 노인의 참다랑어를 뜯어먹었던 상어는
허무를 알리고 육신을 살찌웠다

그것은 동해 앞바다 성긴 그물에 팔딱거리다가
갑판에서 항구에서 도마에서 살코기가 된다

입 안에서 잘게 잘게 부순 고기는 온몸에 스민다
사람이 죽고 흙으로 돌아가고 다시 나무가 필 때까지
사슬을 타고 올라가 바다에 닿을 때까지
휘몰아치는 굴렁쇠

뼈와 모든 것으로 얽힌 순환고리를
지구껍질에 살아숨쉬는 모든 밑바닥을
전시할 수 없는

나는 차라리 그것을 예술이라 부르련다

사람하다

사람이 사람을 사람한다는 것
하나의 이야기가 하나의 이야기에 이야기되는 것

사람 하나가 비집고 들어온다
말랑한 뇌를 내리누른다
그대로 모양이 남는다

그곳에는 사랑이 고였다가
시려운 슬픔만이 남았다가
마침내 비어버린다

새로운 사람을 끼워 맞춰본다
다른 사람은 사람대로 다른 고랑을 낸다
어쩐지 이야기는 상처투성이가 된다

너덜한 이야기를 이어붙여
활자에 삶을 쏟아낸다
그러나 글은 채우기가 아니라 비워내기

채울 수 없는 빈자리
사람이었던 이야기
그것들투성이인 인간

빈자리

몸 안의 공기주머니
세포 속의 산소방울
원자핵과 전자궤도 사이의 빈공간

모든 틈 사이에 공허가 꽉꽉 들어찬다
허무의 무게가 발자국을 구덩이로 만든다

숨을 참고
몸을 콩벌레 마냥 말아야만
버틸 수 있을 때

가장 비어버린 흔적을 더듬는다
사람은 사랑은 패인 음각을 남긴다

이 좁고좁은 마음의 어떤 구석에는
하나의 우주가 그득했다고
목소리 하나가 밑바닥 전부를 갈퀴로 긁어갔다고
훗날을 부서뜨리고 오늘을 불태울 만큼 나를 던져보았다고

사랑을
      사람이 떠난 그리움을
            그리움을 곱씹고 남은 멜랑콜리를

되새김질한다
전부를 채우고도 흘러넘치던 순간들을

패인 자리에 살갗을 꾹 누른다
나지막한 둔통
붉게 달아오르는 자국

잠시만이라도
채워진다면

잉크는 절망의 색

아 드디어
결핍이 다시 내게로 왔다

품 깊은 곳에서 짠맛이 난다
붉은 박동의 자리에 거먼 절망이 들어찬다
숨통에 바다가 찰박거리면
생은 입안에만 겨우 머물렀다 떠난다

채워지지 말아야 할 곳이 출렁거린다는 건
채워져야 할 곳이
죽고
녹아서
바깥으로 탈출해버렸다는 것

몸을 뛰쳐나간 무엇이
다시 해일이 되어 마음을 뒤엎을 때
펜을 들면
급물살에 춤추는 활자들이
시가 된다

잉크는 절망의 색
거멓게 죽은 빈자리의 냄새
만년필에 채운다

하얗게 팔랑이던 행복은
물든다 검게
검게

곁

가장 겉껍질이 아무리 부딪힌대도
가장 가운데의 냉기는 가시지 않는다

닿은 표면적을 아무리 늘려도
얼어버린 손발은 녹일지언정
빙하기가 도래한 시대를 가시게 할 순 없다

그러나 아무리 밑 빠진 독이래도
한 점의 온기마저 말라버리면
옹기구멍은 쩍쩍 갈라져 부스러기를 낸다
그릇마저 온몸에 길을 새긴다

손홈에 손홈을 다물리면
손금이 운명이 맞물리면
틈 사이로 체온이 머금인다

천조각 하나 아래에 함께 숨으면
더운 숨이 오르내린다 펄럭펄럭
잠은 따뜻하게 고요하게 몸을 눕힌다

그저 사람의 미지근이라도
온몸의 틈을 그득히 채우면
느른해진 겨울이 구멍 안께의 여린 살을 찌르지는
않을까 싶어
괜히 누군가의 곁을 파고든다

곱사등이

나의 목은 자라처럼 굽었소

중력에 수그리고 싶었던 까닭이오
두발로 꼿꼿한 인간이고 싶지 않았소
네발짐승처럼 바퀴벌레처럼
바닥에 철푸덕 몸을 붙이고 싶었소

나의 어깨는 동그랗게 말렸소

명치 아래에 부끄러움 뭉터기
삼킨 울음이 거멓게 썩은 묏자리
신물이 가슴을 벌겋게 태우고 올라오면
몸을 오므렸소 그러면 가려질 줄 알았소

나의 허리는 구부정해졌소

잘려버린 마음만큼
속은 비어버리고 세상은 무거워져서
척추는 지구에 항쟁하지 못했소
구부러졌소

마음이 접힌 자국이 몸에 남아서
걸음을 떼면 발자국마저 비틀렸소
구불구불 길을 걸으면
끝이라도 꼿꼿하련가

부끄러움

스삭이는 바람 한 점에
누군가는 가슴을 펴고 부끄러움이 자신을 뒤흔들고 가기를 기다렸다
온몸을 둥글게 말아 명치 아래 가려진 유해를 숨기는 대신

절망에 절단된 생을 이어붙이기를 반복
이음새에 살았었던 수많은 분진은 고아가 되었다
영영 되찾을 수 없는 빈자리

온전치 못한 전부를 사랑할 줄 모르면
어깨가 굽는다 고개가 숙여진다
표정에 검은 실낱으로 장막을 친다
마음에 그림자가 드리운다

문에 등을 기대고 몸을 공처럼 말아앉는다
들어오는 것을 막으면서도
감히 내밀까지 침입할 구원을 애타게 기다린다

구원은 오직
문고리를 잡아 돌릴 때에서야
아침처럼 쏟아진다는 것을 알면서도

허무한 가슴 구석은 여전히 어둡다
웅크린 몸이 저릿저릿 울린다
팔다리가 서서히 흔들거린다

날아오르려나
마침내

육면체

지하실에는 문이 없었다
계단도 없는 육면체의 감옥
진공을 찢는 메아리만이 울려퍼졌다

낮이 저물고 홀로 앉아야만
비명의 누더기를 걷어내고 속삭임을 들을 수 있었다
펜으로 그것을 토해내면 종잇장은 붉게 번졌다

-었다
모든 순간을 집어삼켰던 순간들은
어느새 어제가 되어버렸다
드디어 햇빛을 들이마신다

문득 지하실을 두드려본다

쿵
거기 누구 있어요

시체들은 이제 소리 내지 않는다
목이 쉬다 못해 가닥가닥 찢어진 걸까
곤하게 잠들 만큼 마음이 고요해진 걸까

다시 갈비뼈를 두드리려던 손에
머뭇거림이 대롱대롱 매달린다

펄떡이는 생의 소리

붉게 거세게 흐르는 생명이 모서리를 둥글렸다
날카로운 꼭짓점이 비틀렸다 여섯 면조차 잃어버렸다
온몸을 쥐어짜서 모든 순간에 펌프질한다

아 마침내
주먹만한 심장이 뛴다

편두통

말랑한 뇌는 쉽게 죽는다
죽으면 굳어서 자리를 메우지 못하고
그냥 주르륵 녹아버린다

어떤 기억은 흔적도 없이 액화된다
지우고 싶은 시간들만 뇌주름을 깊게 내리누른다

그것들은 겉껍질의 이성을 파고든다
무거워서 무겁게 가라앉는다
감정의 뇌를 꺼멓게 썩히고
마침내 중추에까지 스며든다

생각이 마음이 고작 실체도 없는 것들이
이따금 위를 쥐어짜서 모든 것을 역류시킨다
숨통을 조인다 입으로 들이마시는 공기가 폐에 닿지 않는다
다리 근육이 풀린다 심줄이 전부 끊긴 것처럼 주저앉는다

파먹히고 남은 머릿공간에
지끈지끈 공허가 울린다
두통이 채운 자리에 원래 있던 것들은 어디로 흘러갔을까

폐

폐에는 수만 개의 방이 있다
가벼운 담배연기마저 구석을 까맣게 태운다
뱃속으로 삼킨 울음은 납덩이처럼 가라앉았다

들숨을 목구멍 안쪽으로 구겨 넣어도
닿지 않는 곳이 늘어났다
숨이찬다그저연명하는것만으로도버겁다

부글부글 끓던 용암이 식으면 구멍이 숭숭 뚫린 현무암이 된다
딱딱한 폐로는 삶이 잘 들어차지 못한다
수만 개의 꿈이 죽어서 널브러졌다

굳어버린 숨통에 산소통을 매달았다
쇠통을 어깨에 메고 코에 튜브를 끼워야만
내가 아닌 무언가를 덧대어야 인간이 된다

누군가의 날숨을 들이마셔야 살 수 있다는 걸
공기만큼 익숙하게 여기려면 얼마나 걸릴까
뇌주름을 타고 흐르는 게 아니라
폐포 한 알 한 알을 채울 때까지

저수지

수문이 열린다
울음이 콸콸 쏟아지면
물길은 조금 마모되고 짓무른다 벌겋게

시간의 자비는 공평하지 않다
누군가의 수문은 굳건하다
어떤 눈물들은 채워질 틈도 없이 고갈된다

남은 곳에는 물이 없다
낙엽 조각처럼 버석하게 말라버린다
오래되는 가뭄에 겨울에
생은 삐걱이는 소리를 낸다

물에 몸을 맡기면 생은 흐른다던데
말라비틀어진 밑바닥을 긁는 상념
한때 강이었던 모래바닥을 가까스로 기어간다

목마름

심장은 질척한 소리를 내며 제 몸을 비틀어 짰다
소금기를 머금은 액체는 주욱 밀려 나갔다

마음이 메마른 소리를 내던 순간마다
눈물샘은 바닷물을 흘려 보냈다

가슴 안쪽이 마침내 버석버석 흩날렸다
갈변한 울음조각들이 낙엽처럼 밑바닥에 부서진다

안에 남은 게 없는데
어떻게 숨을 쉬고 있는 걸까

황무지에는 눈물이 쌓여 말라붙었다
시린 눈이 내린 마냥 하얗게 소복하게
모든 순간의 죽음들이 내려앉았다

소금사막에서는 생명고리가 뚝
끊긴다 아무것도 살아남을 수 없으므로

도하; 강을 건넌

 시인의 부고는 이상한 일이 아니었다
 때 일렀다 하지만 손끝에서 잉크를 뿜어내는 사람의 혈관에는 언제나 죽음이 스르륵 울고 있다

 등단했다거나 꼿꼿한 신념이 있었다거나 정력적인 활동을 하는것들 따위는 끝에서 멀었다는 증거가 되지 못한다
 차라리 펜도 신념도 사상도 모두 패대기쳐버린 나 따위가 벼랑에서 물러난 것이라면 모를까

 단조로운 기삿거리가 되었다 어렸기 때문에
 당신도 아이 시절의 베갯잇에 울음 모양의 또아리가 수놓아져 있었을까
 되려 몇 년이 늦춰졌던 부고인 걸까

무릇 예술이란 죽음 후에야 몸값이 뛰는 것이니
특집 기사들은 흐르륵 지나가겠지 유고시집은 불티나게 팔린다
당신의 시간만 굳어버린게다 몸속을 탈출한 피처럼

생이 불그스름하게 뛰지 않는데
재만 남기고 화르륵 타오르면 무엇하냐고
일면식도 없는 시인에게
시인이었던 무언가에게
어깻죽지를 쥐어 흔들고 싶어진다
안녕을 말하지 못할 나이에 아주 건너가지는 말라고

공허를 향한 손길질이다
헛된

2부 누군가의 결핍

헤엄

 어제도 오랜만에 네 꿈을 꿨어. 이 비겁하고 사랑스러운 친구야.

 사춘기 여자애들끼리 한방을 쓰게 만드는 고등학교 기숙사는 지독하고 잔인하다. 제 예민함을 어떻게든 안쪽으로 구겨 넣고 괜찮은 척하는 사람이 있는가 하면 툭 치기만 해도 미모사처럼 도르륵 도망가는 사람이 있다. 누군가에게는 지독한 현실이었던 곳을 안식처로 삼은 사람도 있다. 아주 다른 세 명이 만나 그렇게 우리는 서로의 가족이 되었다.

 고등학교 시절이 끝나고도 우리는 3시간 기차를 타고, 지하철을 타고, 서로를 만나러 갔다. 어느 순간 우리는 같은 이야기를 했다. 너랑 같이 있어야 숨통이 트이는 것 같아. 세상은 왜 이렇게 우리를 숨 막히게 할까?

그러나 너는 가끔 세상이 벅찰 때 세상에게서 그리고 이따금 우리로부터 도망쳤다. 수면 아래로 꼬르륵 잠수하면 아무것도 들리지 않는 그 어두운 침묵에서 쉬고 싶었는지도 모른다. 나는 가끔 기다리다가, 네게 선물을 보내다가, 네 집 앞에서 새벽에 기다렸다. 너는 다시 돌아왔다.

그리고 다시 아주 깊은 잠수를 했다. 가까스로 너의 언저리에 닿은 연락은 네가 잘 지내고 있다는 것이었다. 그래 네가 건강하기만 하면, 살아있기만 하면 됐어, 언젠가는 돌아오겠지. 아가미로 뭍에서 숨 쉬는 게 다시 괜찮아질 즈음에.

요즘은 가끔 그런 생각을 해. 네가 어쩌면 잠수를 한 게 아니라 어푸어푸 헤엄쳐서 저 멀리 떠나간 게 아닐까? 너는 영영 가버린 게 아닐까?

그럼에도. 우리는 서로를 선택한 가족이지만 이미 가족이 되어버린 사람을 어떻게 사랑하지 않을 수 있겠어. 네가 이따금 세상을 마주하지 않고 고개를 돌려버리고 싶었대도, 우리에게 말하지 않고 떠나버린 것마저도, 그것마저도 너라면 그것들까지 전부 끌어안아야지.

  아직도 연락은 오지 않는다. 가버린 너에 대한 원망과 너를 알아주지 못했다는 죄책감은 파도처럼 넘실넘실 번갈아가면서 마음을 가득 채운다. 밉다가, 미안하다가, 다시 밉다가, 또 미안하다가. 하지만 철썩이는 밀물과 썰물에도 변하지 않는 건 네가 돌아오기를 바란다는 거야. 아주 늦어도 좋으니까, 언젠가는.

딱따구리

쿵- 쿵-

나지막한 탁음이 복도를 울렸다. 물을 마시겠다는 핑계로 교실에서 나와 목이 아닌 머리를 식히던 나는, 이질적인 소리가 나는 쪽으로 시선만 돌렸다. 목을 돌리기에는 기력이 충분치 못했던 탓이었다. 새빨간 머리카락이 흔들거리면서 복도 벽면을 울리게 하고 있었다. 표정이라고는 전부 죽어버린 것 같은 얼굴로 그 사람은 머리를 쿵쿵 벽에 박고 있었다. 나는 조용히 시선을 돌려 마저 목을 축였다.

그런 기행이 이해되는 장소였다. 고요하다고 표현하기에 재수학원의 침묵은 다소 폭력적이다. 당연하게 날법한 생리적인 소리에도 눈치가 보여 재채기를 하고도 사과하는 습관이 생길 만큼. 극도로 통제된 환경에서 학습은 분명히 효율적으로 진행된다. 하지만 인간을 구성하는 것에는 물질적인 성공보다 더 많고 깊은 것들이 있다. 그것들이 결핍된 환경에서 인간은 온전히 제대로 기능할 수 없다.

 벽에 머리를 박는 것이 이해되지 않는 것은 아니었다. 머리를 가득 채우고도 넘칠 것 같아서 꾹꾹 눌러 담아야 하는 지식, 올라간 뇌압과 외부적인 압박, 그런 것들이 터질 것 같을 때가 있다. 그럴 때는 차라리 신체적인 통증이 정신적인 결핍에서 신경을 돌리게 해주기에 고통을 일부러 만들어내고 싶기도 하다. 나 또한 그렇게 손바닥에 손톱 모양의 상처를 내고 허벅지에 멍을 만들어내기 일쑤였다.

 그러나 그 기억이 뇌주름에 깊은 음각을 새긴 이유는 그 사람의 원래 모습을 기억하기 때문이었다. 갓 청소년기를 넘긴 아이들이 거대한 실패를 겪고 모인 자리에서, 모두가 우물쭈물 이름과 나이만을 내뱉고 자리로 돌아가는 교실에서, 그 사람만이 사뭇 달랐다. 태양을 연상시키는 강렬한 빛으로 머리카락을 물들인 그는 재잘재잘 이야기를 늘어놓았다. 왜 염색을 했는지, 원래 어디를 가고 싶었는지, 어떤 이유로 여기에 왔는지.

당신의 열패감에마저 불을 지핀 계기가 무엇이었을까? 그걸 비단 성적 스트레스로 일단락해 버리는 것은 마치 수능 후 채 피지 못한 생명이 뛰어내리는 이유를 두어 개의 단어로 축약하는 것과 비슷하다. 폭력적이다. 사람이 가라앉는 데에는 많은 시간이 필요하지도 극적인 사건이 필요하지도 않다. 불행이, 불행을 초래한 무거운 이야기가 있을 뿐이다.

나는 그의 행방을 모른다. 만약 입시가 성공했다고 해서 과연 그의 1년이 결핍으로 자리 잡지 않을 수 있었을까? 실패했다면 그것이 그의 가장 근본적인 결핍으로 똬리를 틀었을까? 나는 이따금 그것이 궁금해서 휴대폰을 들어 올리다가도 그만둔다. 여느 때처럼.

후천적인

"외부적인 어긋남이 너무 오래 쌓이다 보면 그게 본인 그 자체가 되는 거야."

 누군가에 대해 이야기를 하다 나온 말이었다. 그래도 사람 자체가 나쁜 건 아니잖아. 나는 변명조로 내뱉었다. 그 자리에 없는 사람에게 쏘아진 미약한 화살이 내 정중앙에 와서 박혔다.

 처음에는 그 사람이 날카로웠던 어린 시절을 조금쯤 추스르고 겉으로 둥글게 굴러갈 줄 아는 사람이라고 생각했다. 사람을 대할 때 조금 미숙하고 서툰 부분이 있다고는 생각했다. 하지만 나도, 누구든 그러니까, 괜찮았다. 나보다 조금 어린 아이들에게 교조적으로 굴기 전까지는 그랬다. 인간관계에서의 결핍이 적나라하게 드러나기 시작하자 생각이 사뭇 달라졌다.

 그래도 그럴 수 있다고 생각했다. 그 사람은 예민하게

세상을 감각하던 기질이 있는 듯했다. 그런 사람이 비인간적인 처우가 비일비재한 곳에서 잘 살아남을 가능성은 지극히 얕다. 그만둘 수 없는 족쇄를 온몸에 차고 매일의 절망을 버텨야 하는 감각을 안다. 그것이 끝나고 환경이 괜찮아져도 성취를 이뤘어도 쓰레기장이 되어버린 것 같은 정신을 끌어안고 살아갈 때의 평범한 불행을 안다.

그러나 그것을 버티면 시간이라는 구원이 올 수도 있다는 것 또한 알았다. 함께 울어주는 사람이나 작게 토닥여주는 손길이 있으면 더딘 시간이 조금 더 수월하게 흘러간다는 것도 알았다. 모든 것이 끝나고 남은 "나"는 이전과 지극히 이질적인 개체가 되어버리겠지만, 조금 더 많은 시간이 주어져 노력을 거듭하면 그 모습마저도 다시 사랑할 수 있다는 것도.

그것들을 전부 알면서, 조금만 더 다가가서 변두리에 있는 것만으로도 얼마나 많은 위로가 되는지 알면서도 그렇게 하지 않았다. 드러난 결점만으로 사람을 나쁘게 단정 짓고 거리를 둔 게 아니었다. 그 사람에게 다가

가면 어긋남이 수없이 맞물린 내 과거가 나의 전부라고 생각하게 되어버릴 것 같아서였다.

 그 사람은 아주 깨끗하게 떠났다. 나는 이따금 적나라한 진심을 타자로 타닥타닥 치다가, 전부 지워버린다. 다정해지는 것만이 답인 줄 알면서도.

고개를 숙이는 것

 본디 가슴에 불씨를 품고 사는 사람에게는 격렬하게 싸움을 하는 시절이 있기 마련이다. 나는 그 시절을 십 대 후반에 겪었다. 불꽃은 생각보다는 일찍이 가라앉았다. 그렇게 삶이 고요해지기 전의 이야기이다.

 수업이 끝나고 주어진 10분의 쉬는 시간으로는 부족할 만큼 격한 공방을 주고받고 있었다. 상대는 학원 선생이었다. 아직도 그 내용까지 생생히 기억나지만 사실상 그것은 중요하지 않았다. 나는 선생님의 해석에 이견을 제기했다. 선생은 그 가능성을 모두 차단하며 자신의 배타적인 옳음을 고수했다.

 다음날 나는 근거 문헌을 들어 주장을 뒷받침했다. 선생은 출처를 한 번 보더니 그것이 옳고 자신이 틀린 줄 알면서도 고개를 돌렸다. 수업을 시작하면서 그는 그것을 지나가듯이 말했다. 그게 이렇게 해석될 수는 있지만 중요하지 않다는 변명이었다. 사실 단어 몇 개가 무슨 중요성이 있겠는가. 나는 그저 깨달았을 뿐이다. 어떤 사람은 자신이 틀릴 수도 있다는 사실을 절대로 인정하지 않을 것이었다.

바로 옆 교실에는 사뭇 다른 선생님이 있었다. 통상적이지 않은 가족의 형태나 남녀 사이가 아닌 성애적 관계 같은 것들을 인지하고 받아들여 학생들의 인식을 바꿔 주던 분이었다. 자신의 경험 바깥의 세상을 충분히 이해하고 배려할 줄 아는, 아주 드문 선생님.

그분에게 비슷한 질문을 했다. 이런 해석도 가능하지 않을까 하는 의문에 선생님은 고개를 꾸벅 숙였다. 내가 모르고 놓친 부분을 짚어주어 고맙다며, 혹여나 이런 일이 또 있다면 가감 없이 와서 알려달라는 말을 건넸다. 한참 어리고 전문성도 경력도 자신보다 훨씬 못한 학생에게 선뜻 마음을 숙이고 다름을 받아들이는 선생님. 나는 그때 처음으로 진짜 어른을 만난 것만 같아 선생님이 등을 돌려 복도에서 멀어지기까지 꽤 오랫동안 묵례를 하고 있었다. 진정한 어른은 오랜 존경을 받아 마땅하다고 생각했기 때문이었다.

이따금 화가 날 때, 억울할 때, 잘못을 인정하고 싶지 않을 때 떠올려본다. 진심 없는 미안함을 입에만 올리고 상황을 무마하는 대신 고개를 한번 숙여보자고. 고개를 숙여 명치 아래에 꾸물거리는 억울함을 걷어내고, 잘못한 부분에 대해서는 진심으로 미안해하자고. 고개를 한 번 숙인다고 마음이 꺾이는 것은 아니라고.

일찍 떠나가는 사람들

 부고는 언제나 무겁다. 그러나 때 이른 부고는 산 사람의 삶마저 일순간 멎게 만든다. 어쩐지 그런 소식이 겹쳐 들려오던 때였다.

 사실상 이름과 나이 정도를 제외하면 아는 게 거의 없던 사람이었다. 한두 번이나 봤을까 싶던 정도였다. 그러나 위태롭던 그의 글을 읽었다. 아무것도 모르더라도 이 사람의 상태가 위험하다는 것만큼은 알았다. 하지만 동지애로 손을 뻗기에는 내 숨마저 허우적거리고 있었다. 피상적인 인연마저 깊어지기에는 사람에게 먼저 다가가는 데에 익숙하지 않던 때였다. 그 후로 그를 다시 보지는 못했다. 다시 볼 일도 아마 없었을 것이다. 하지만 이제는 영영 아무 가능성도 남지 않게 되어 버렸다.

 그는 나의 작은 일부조차 아니었기에 슬픔은 밀려오지 않았다. 대신 슬픔만큼 차가운 무언가가 목 아래에서 울렁거렸다. 희석된 절망이었다. 반년 동안 나는 어느새 외줄에서 내려와 땅에 두 발을 붙이고 섰다. 종종

웃고 가끔 기뻤다. 동일한 시간 동안 그는 줄 위에서 기우뚱기우뚱하다가 추락했다. 발을 헛디뎠는지, 뛰어내렸는지, 누군가에게 밀렸는지는 모른다. 어찌 되었든 이렇게나 쉽게 스러져버리는 것이 사람이었다.

 일주일 내로 또 다른 부고가 들렸다. 이번에는 이름과 나이뿐만 아니라 많은 것을 알 수 있던 사람이었다. 모두에게 많은 것이 공개되는 직업을 가진 사람이었다. 잘은 몰랐다. 아주 어렸다는 것, 환하게 웃었다는 것, 예쁜 말을 할 줄 아는 사람이라는 것은 알았다. 옅은 절망은 다시 울렁거렸다. 왜 작고 여린 사람들만 홀로 빈자리를 끌어안고 침몰하는 걸까? 몸에서 피가 탈출해버리면 굳는 것처럼, 사람에게서 삶이 멈추면 시간은 흘러나와 굳어버린다. 오직 그 사람들의 시간만 굳어 과거형이 되고, 다른 모두의 시간은 잔인하게 앞으로만 나아간다.

 나는 그들의 결핍을 모른다. 영영 알 수 없을 것이다. 그 가능성의 말소가, 때 이른 부고가, 나를 가장자리부터 파삭파삭 갉아먹는다.

구덩이를 파내어서 묻었다

 아빠의 아버지는 3년 전에 돌아가셨다. 장례식에서도 나름대로 괜찮던 아빠는 할아버지의 유골함이 땅에 묻히는 순간에야 크게 울었다. 나는 그게 슬픔보다는 풀리지 않은 응어리가 평생 생매장당해야 하는 마음 때문인 것을 알았기에 사흘 내내 아빠의 손을 잡고 있었다.

 죽음은 사람을 미화시킨다. 장례식은 덤덤한 애도 또는 가끔의 눈물로 사람들을 휩쓸리게 만든다. 나는 그곳에서마저 메마르게 생각했다. 할아버지는 좋은 사람이 아니었다.

 내팽개친 바깥일과 4명의 아이를 등에 지고 있던 아내에게 밥상을 내오라 소리친다. 묵묵히 그것을 해야만 자신의 지난 인생을 무의미하다 여기지 않을 수 있는 아내는 밥상을 내온다. 마음에 들지 않을 때 그는 이따금 아이들 앞에서 밥상을 뒤엎는다.

내심 자신이 잘못한 것을 알면서도 사과 비슷한 무언가를 입 언저리에 갖다 대지도 않는다. 만만해 보이는 며느리에게 말한다. 딸만 둘을 낳았으니 아들도 낳아야지. 내 이름은 효도 효가 들어간 남자아이 이름이다. 태어나지도 않은 다음 애는 남자아이기를 바라서였을 것이다.

 아이들은 안다. 애정의 모양을 한 껍데기는 차갑고 공허하다. 설날과 추석은 엄마의 시큰거리는 손목과 부드럽게 포장된 공격으로 가득했다.

 할아버지는 걷지 못하다가 병원에 누워 마지막 영혼마저 소실된 채로 그냥 그렇게 갔다. 할머니는 할아버지가 돌아가시고서 굽은 허리가 펴졌다. 무의미한 명절 모임은 없어졌다.

 할아버지의 결핍을 사랑하지 않기로 했다. 그를 이해할 수 없어서가 아니다. 그 또한 사회와 시대와 압박과 또 모르는 무언가의 희생자였겠지. 세상 대부분의 비극은 거대한 악의 없이도 눈덩이처럼 불어나니까. 내가 사랑하는 사람에게, 나의 존재를 가능케 한 사람에게 깊은 결핍의 자리를 내고 훌쩍 가버린 당신을 사랑하지 않기로 마음먹었다. 그것이 나의 사소한 결핍이다.

 많은 사람들이 고개를 조아린 묏자리에 조화를 놓으며 그 꽃만큼 죽은 생각을 했다. 이렇게 여러 명의 기억 속에서 당신이 아름답게 남는다면, 나 정도는 당신을 조금쯤 미워해도 되겠지.

엄마

 모체의 몸속에 있는 태아는 엄밀히 말하면 기생체이다. 나는 이따금 내가 엄마의 양분을 흡혈귀처럼 빨아들여 몸 곳곳에 아주 세밀한 구멍을 숭숭 내버렸다고 생각한다. 그렇게 자라나서 세상에 나올 때 어쩌면 엄마의 몸뿐만 아니라 마음 일부분마저도 나와 함께 태어난 것이 아닐까?

 엄마는 자식에게 자아를 투영하지는 않았다. 하지만 아주 큰 관심과 애정이 항상 엄마의 딸들에게 쏟아진 것은 부정할 수 없다. 자식을 위해 이 정도를 헌신하는 것이 당연하다면 나는 할 수 없을 것 같다는 두려움이 들 만큼의 희생이었다. 나는 궁금했다.

 자아라는 것, 개인의 고유한 특질의 존재를 인지할 만큼 똑똑하고 교육을 받은 사람이 이렇게까지 자신을 비워서 다른 사람을 채울 수 있는 걸까? 어쩌면 엄마를 가장 우선으로 두어준 사람이 없어서 엄마도 본인 스스로가 가장 소중하게 여겨지지 않는 걸까? 그래서 나는 물었다.

 엄마가, 아내가, 딸이, 동생이 아닌 당신은 누구인가요?

 엄마를 빨아먹어서 자라난 내가 이제는 떨어져 나오고자 엄마를 독립시키려는 것은 이기적인 바람일지도 모른다. 그녀의 행복과 나 사이의 연결고리를 얇게 만들면 내 부담이 적어지리라는 것 또한 마음 한구석에 자리 잡고 있었을지도 모른다.

 그러나 사랑만큼은 진실하다. 그 크기만큼은 거대하다. 온전한 행복을 주고 싶은 마음은 오직 순수하다. 그래서 나는 수없이 같은 말을 반복한다. 매번 진심을 꾹꾹 눌러 담는다. 당신이 홀로 설 수 있을 만큼 단단해질 때까지 끊임없이 질문하면 어느 순간 그런 의문이 당연하게 마음 한 구석에 자리 잡을 것이라 믿는다.

누군가가 채웠던 빈자리

 10대의 1년은 아주 길고 느리다. 하루가 다르게 변하는 몸, 소용돌이치는 호르몬과 신경전달물질 그리고 그것에 적응할 시간도 주어지지 않기에 쉼 없이 생기는 혼란. 매일이 다르기 때문에 매 순간이 생생하다. 아직 말랑했던 뇌에 깊게 각인된 기억이 많다. 그러니 한 해가 길게 느껴질 수밖에 없다.

 꼭 그런 하루였다. 이제는 얇게 먼지가 덮였을 만큼 꽤 시간이 지난 이야기이다.

 싸움의 시작은 사소했다. 말에는 감정이 담겨있었지만 폭발적이지는 않았다. 논리는 아직 건재했으며 우리는 얼굴에 피가 몰려 이성을 잃어버리지는 않았다. 그렇게 몇 번의 소리가 오가고 멎었다. 나는 이렇게 말했던 것 같다.

 우리가 같이 걷다 보면 어쩔 수 없이 삐걱거리겠지.

명백한 잘못을 저지르지 않아도 그냥 안 맞는 부분이 있을 수 있잖아. 그래도 우리 생각에 차이가 있는 건 분명하니까, 서로 맞춰 보면서 간극의 사이에서 만나자.

 그 애는 고개를 저었다.

 싸움은 아주 고요하게 가라앉았다. 나는 내 마음과 함께 자리를 옮겼다.

 굳이 이런 걸로 내 마음을 깎아내고 싶지는 않아. 그런 결의 말을 들었던 것 같다. 싸우고 차이를 맞대고 나를 굽혀가면서까지 너와의 관계를 이어나가고 싶지는 않다는 선언이었다. 당장의 상황이 다급해서였을지도 모른다. 그러나 이유가 어쨌든 이만큼의 노력도 하고 싶지 않다는 건 나를 소중히 여기지 않는다는 의미라고 생각했다. 만약 그렇다면 나도 너를 소중히 여길 수는 없었다. 관계는 함께 만들어 나가는 것이니까.

 칠 년이 지났다. 강산이 아직은 바뀌지 않은 시간이 흘렀다.

나는 이따금 너를 생각한다. 과거의 후회는 남지 않는다. 미래의 망설임이 있을 뿐. 소중한 관계라면 해야 하는 것, 옳은 것에 항상 얽매여 있을 필요는 없다. 나의 규율, 가치, 이런 것들을 조금쯤은 굽혀도 괜찮다. 나를 온전하게 지켜가면서 사랑을 할 수는 없다. 사랑은 나를 완전히 파괴해서 그 사람이 되어보게 만든다. 그 사람의 슬픔에 공감해서가 아니라 그 사람의 모든 부분에 합일된 것처럼 눈물이 흐른다. 그 사람이 지나간 공간을 채우는 공기마저 애틋해진다. 그런 사랑을 알기에. 묵혀둔 인연을 꺼내어 볼 용기가 생긴다.

이미 지나가서 오래된 사람이 간절해서가 아니다. 마음을 만져볼 때 누군가가 채웠던 빈자리가 느껴질 뿐이다. 한때 그 자리를 차지했었던, 나의 시간을 점유했던 한 사람을 아예 모르는 사람으로 내버려 두기는 싫은 마음이 든다.

인사를 건넨다. 이미 바래 버린 시간만큼이나 가볍게.

네가 이걸 이해하지 못해서 다행이야

 책과 영화, 이야기가 담긴 것에 관해 담소하는 것이 당연한 사이가 있다. 늘 그렇듯이 어떤 이야기가 주제가 되었다. 생의 허무함을 우주와 시간에 빗대어 풀어낸 이야기였다. 적어도 겉으로는 그렇게 보였다.

 주인공은 말한다. 인생이 영화관에 앉아있는 것이라면 어느 순간 이 지루하고 재미없는 영화의 결말을 알 것 같은 기분이 든다고. 어떤 사람은 그 지루하고 재미없는 결말을 끝까지 앉아서 보기보다는 그냥 나가버리는 것을 선택하기도 한다. 결말을 모르면서도 확실하지 않은 것에 확신을 가지는 그것이, 우주먼지병이란다. 우주먼지처럼 허무한 자신의 인생을 견딜 수 없어서 아예 퇴장해 버리는 병.

 그것을 보자마자 알 수밖에 없었다. 이 이야기는 우울증에 관한 것이었다. 우주, 시간, 사랑, 허무 같은 것들은 우울증이라는 아주 사소하고도 거대한 것을 설명하기 위해 필요한 장치였을 뿐이었다.

 우울증을 부끄럽게 만드는 시대에서 나와 닮은 사람들은 디지털 가면을 쓰고 솔직한 눈물을 남겼다. 아무도 이해할 수 없는 외로움을 앓는 사람들이 이런 이야기를 쓰고 읽고 공감한다는 사실만으로 나는 작은 위로를 받았다.

 그러나 친구는 전혀 다른 감상을 남겼다. 나는 친구와 말을 나누다가 문득 입을 멈췄다. 친구가 그 이야기를 꿰뚫어 보지 못하는 것을 알아차렸다. 그 순간 나는 익숙한 외로움이 찾아오기를 기다렸다. 그러나 내 마음을 고요하게 휩쓸고 지나간 것은 안도였다.

 친구에게도 울음이 많았던 때가 있다는 것을 알고 있었다. 딛고 설 구석이 없다고 느꼈을 때가 있다는 것도, 그래서 막막하고 절망적이었을 것이라고 감히 짐작했다. 짐작과는 다르게, 폭발적인 감정과 생각이 마음의 밑바닥마저 망가뜨리기 전에 너는 괜찮아진 것 같았다. 외로움이 네 눈물샘만 갉아 먹고 깊숙한 내부까지는 침입하지 않은 것 같았다. 마음이 영구적으로 다치지는 않은 것 같았다. 그래서 안도했다.

어쩌면 사랑은 이런 것일지도 모른다. 상대가 나의 아픔을 이해해주기를 바라는 것보다 그 사람이 그런 아픔을 몰랐으면 하고 바라는 것. 평생 그걸 모르고 살기를 바라는 것. 외로움을 삼키는 것이 달콤하게 느껴질 만큼 상대의 안녕에 안도하는 마음.

[   ]

 빈칸은 빈칸.

 내가 무엇이라고 남의 결핍을 이래저래 규정지어 사랑할 가치를 판단하는가?

 결핍은 평생 채울 수 없는 빈자리
 마음에 쌓이는 백지
 손끝에서 막힌 활자

세 글자

고작 세 글자를 내뱉기가 어려웠어.

네가 아닌 누군가는 서운해했지. 내가 다른 종류의 사랑에만 관대해서 그랬던 것일까? 걸핏하면 어떤 책을, 영화감독을, 친구를, 가족을 사랑한다고 말하는 내가 자신에게만 사랑이 박하다고 여겼나 봐.

그 세 글자는 네 것이라 그랬어. 숨을 나누는 작은 틈 사이에서 속삭이던, 웃음을 가득 머금은 입모양에 걸리던, 폐부를 채우고도 넘친 울음이 먹먹하게 축축하게 배어있던. 그 모든 순간에 다 너밖에 없어서.

내게 사랑은 막연하고 추상적인 감정이 아니야. 내 안에서 일어난 감정과 생각의 소용돌이가 아니야. 너와 함께 있었던, 너무 선명해서 날카롭게 파고드는 순간들이야.

네가 떠나고 각막과 고막에 덧씌워진 기억에 뱃속을 가득 채운 슬픔에 허우적거렸어. 슬픔은 잔잔히 가라앉아 우울이 되고 우울마저 떠난 자리에 멜랑콜리가 잠시 앉았다 그것마저 가벼렸지. 마지막 남은 미련까지 털어내고 그렇게 너라는 챕터를 완전히 넘겼다고 생각했었는데. 네가 내 마음에 음각으로 파내어 가져간 마지막 조각이 있었던 거야. 바로 그 세 글자.

 네가 아닌 누군가에게는 그토록 어려운 세 글자.

외로움

 침을 삼킬 때마다 갈비뼈 안에 일렁이는 슬픔주머니가 조금씩 역류할 것 같다. 이것을 한 단어로 줄이자면 외로움이라고 부르겠지.

 영화나 책 따위의 피상을 빌려 깊숙한 이야기를 돌려 말하던, 올곧게 선을 지켜서 서운하기까지 하게 만들던 사람이었다. 지낸 시간이 길어도 사람들이 보지 못한 나의 본질을 구성하는 것들을 꺼내어서 그것을 좋아한다고 말한 순간부터 당신은 그 선을 무너뜨렸다. 다음날 만난 당신은 그것들의 일부만을 기억한다고 했지. 술기운을 빌려 고백한 마음은 진심이었겠지만 기억하지도 못하는 진심에 가치가 얼마나 남아있을까. 그 진심은 진실에 가깝기는 할까. 무언가의 시작이 될 수도 있었던 것은 그 사람의 안에서 소멸했다. 나만 그 반쪽짜리를 붙든다고 달라지는 것은 없었다. 내 것이, 우리 것이 될 수도 있었던 미래는 없어졌고 그 자리에 차오른 겨울바람을 애써 억눌렀다. 어느 정도의 외로움은 언제나 당연했다. 그런데 외로움이 완전히 없어졌던 단 한순간, 고작 그것 하나 때문에 눈시울을 붉히고 빗방울을 흘리지 않고 싶었다. 그러면 외로움을 견디는 게 당연해지지 않을 것 같았다. 그 자리를 채우려고 평생 누군가를 찾아다니게 될 것이었다. 홀로 서는 순간들이 지금보다도 너무 추워질 터였다.

혼자서 철옹성을 두르고 전부를 숨겼다.
아주 작게 빙빙 돌려서 꺼내어보기 시작했다.
사람과 사람이 부딪혀 터져오르는 불꽃을 사랑하기 시작했다.
올곧던 기준이 인연에는 조금씩 휘어졌다.
기대어 살아야 제대로 살아가는 것임을 깨달았다.

사람 人처럼 누군가에게 완전히 기대고 싶었다. 사람이 떠나가 와르르 넘어질 것을 감수할 마음이 있었다.
읽다가 펼친 채 엎어놓은 책의 아직 읽지 않은 페이지들을 누군가와 채워나가고 싶었다. 작은 웃음과 반짝거리는 일상과 숨죽이지 않아도 되는 울음을 나눠보고 싶었다.

당신은 아닐지 몰라도 누군가와는 그게 되겠지. 그전까지 내가 거쳐 가야 할 사람들과 외로움과 외로움보다 더 짙은 고독이 더 쓰게 다가온다. 사람이 오고 가는 걸 삼켜내야 하고, 가끔 올라오는 쓴물을 아래로 눌러야 하는 시간이 아득하게 느껴진다.

슬픔주머니가 찰랑거린다.
가끔 베갯잇에 웅덩이가 고인다.

변명

 네게는 빈자리가 없었지. 오늘은 나의 결핍에 대해 변명하는 편지를 보내려고 해.

 사람과 사람이 만나서 서로를 알아가는 과정은 앞이 보이지 않는 사람이 코끼리를 만지는 것과 비슷한 것 같아. 처음 네게 손을 뻗고, 오가는 이야기에서 포장지를 조금 걷어낸 네 마음은 매끈했어. 요철이야 있었겠지만 거대한 결핍이 느껴지지는 않았어.

 그게 좋았어. 다른 사람과 서로의 빈자리를 맞물려서 연리지처럼 얽혀버리고 싶지 않았거든. 그런 사람이 떨어져 나갈 때는 내 일부분도 잘려서 죽어버리니까. 더는 내 전부를 걸고 사랑하고 싶지 않았어. 가벼운 연애를 하고 싶었지. 너는 아주 적당한 때에 다가온 아주 적당한 사람이었어.

 처음이라 미숙했고 좋아하는 마음이 커서 서툴렀을

거야. 그걸 아는데도 누구에게나 뻗어가던 이해와 연민이 왜 너만은 피해갔을까? 나는 왜 그때 네 작은 결점만을 커다랗게 부풀려서 마음에 담아놨을까?

내 사랑하는 친구가 아주 작게 울먹이며 말하더라. 너는 너한테 잘해주는 사람이 만만하냐고. 그 순간이 좀 깊게 가시처럼 박혀왔어. 내가 고작 그런 사람이었나. 그런 자책보다 더 거세게 나를 흔든 것은 따로 있었어. 얼굴도 모르는 네게 이입하는 내 친구의 작은 요동에는 내 마음이 아팠다는 거야. 이별하는 나를 붙잡고 기회가 없냐고 물었던 네 눈물보다도.

네게는 미안한 게 너무 많지만 헤어진 건, 헤어지고 오는 길에 바로 모든 것을 끊어낸 것은 미안하지 않아. 나를 완전히 끊어내야 네 마음에도 자리가 생기겠지. 너를 온전히 좋아해 줄 수 있는 사람이 들어올 수 있는 자리가.

나에게는 네가 들어온 것보다도 훨씬 큰 구덩이가, 너로는 도저히 채울 수 없는 결핍이 있는 것 같아. 그런 종류의 수복할 수 없는 상처의 존재를 인지조차 못하는 너는 나를 평생 이해하지 못하겠지. 네가 나보다 부족한 사람이라서가 아니야. 내가 너보다 더 비어버린 사람이라서 그래.

 네가 어디선가 누군가와 잘 살면 좋겠어. 그것마저 내 죄책감을 덜어내려는 이기적인 바람일지 모르지만.

신념

나는 신념을 가진 인간을 사랑한다. 가시밭길인 것을 알면서도 옳다고 믿는 것을 위해 아픔을 감수하는 사람이 좋아서 그런 줄로만 알았다. 그러다 이런 글귀를 봤다.

"가족이 있거나, 미래가 있거나, 해야 할 일이 있거나, 그런 사람들은 신념이나 자존심 따위는 어렵지 않게 굽힙니다. 더 소중한 것들이 있기 때문입니다. 정말 소중한 것이 하나도 남지 않은 사람들에게만 신념과 자존심 같은 추상적인 것들은 세상 무엇과도 바꿀 수 없는 보물로 변해버립니다."

두 발을 땅에 붙이고 하루하루를 제대로 살아갈 만한 사람이라면 허공에 둥둥 부유하는 추상적인 것들에 큰 가치를 둘 필요가 없다. 모든 것이 다 뜯겨져 나가 자신에게 아무것도 남지 않았다고 생각하는 사람만이 신념에 가치를 둔다. 많은 경우, 신념은 "왜?"라는 질문에서 파생된다. 구체적으로 말하자면, 살아가는 이유가 무엇일지 스스로에게 물어보는 데에서 시작된다. 그런 질문을 지속적으로, 강박적으로 하는 이유는 한 가지이다. 이유가 없는 채로 "그냥 살아가는 거지."라는 대답으로는 하루를 더 버틸 수 없을 만큼 삶이 버겁고 힘들기 때문이다.

 비워둘 수 없는 구덩이에 유일하게 채울 수 있는 것이 바로 신념이다. 신념이 한 사람의 안에서 얼마나 큰 자리를 차지하는지를 보면 그 사람의 구덩이가 얼마나 컸는지를 추측해 볼 수 있다. 나는 그것을 끌어안고서 힘겨운 하루를 한 번 더 버티는 사람을 사랑한다.

 언젠가, 하루를 버티는 힘겨움이 신념보다도 무거워져서 내가 건넨 미약한 위로 같은 것은 쓸모없어진다면. 그래서 결말을 보기 전에 퇴장해 버리고 싶어진다면. 나만큼의 원망은 당신의 죄책감에서 빼도 된다고 말하고 싶다. 나는 당신이 견디는 하루가 얼마나 고통스러웠는지 기억하겠다고. 지금까지 당신 주변의 사람들이 슬퍼하지 않도록 버텨줘서 고맙다고. 나만큼은 당신의 이른 안녕을 미워하지는 않겠노라고.

구원

 구원은 셀프라거나, 사람이 다른 사람을 고칠 수는 없다는 말을 입버릇처럼 하는 사람들이 있다. 그 말에 짜증이 달려있다면 그 사람은 다른 사람을 구원해보려다 실패한 사람일 것이다. 그러나 그 말에 포기, 체념, 우울 같은 것들이 대롱대롱 매달려있다면 그 사람은 언젠가 구원을 기다려본 사람일 것이다. 구원은 동화에서나 나온다는 것을, 요정이나 마법만큼 허황되다는 것을 알면서도 그게 너무 간절했던 사람이다. 누군가가 나를 이 구렁텅이에서 꺼내주기를, 망가진 것 같은 내 마음을 온전하게 고쳐주기를 바랐던 사람이다. 그런 마음이 쌓이고 버려지고 쌓이고 버려지기를 반복하면, 마침내 소망이 죽어버린다. 구원은 오지 않는다는 것을 머리뿐만 아니라 마음으로 깨닫는다. 나를 구해줄 사람은 나밖에 없다. 널브러진 몸을 어떻게든 추스르고 넘어진 자리에서 일어나 스스로를 고쳐야만 한다.

지난하다. 힘겹고 어렵다. 나 스스로를 돕는다는 건 그럴만한 여유가 있을 때나 가능한 것 아닌가 하는 회의감이 든다. 어쩌면 구원이라는 건 망가진 것을 고친다는 건 존재하지 않을지도 모른다. 그래도 어떻게든 해보면 적어도 껍데기는 멀쩡해진다. 마음도 조금쯤은 나아진다.

뭐랄까, 부서졌다가 이어붙인 것은 티가 난다. 셀로판테이프로 덕지덕지 붙여서 가까스로 한 덩어리인 것일 뿐이다. 다시 눈물에 젖으면 접착력이 없어질 위태로운 것.

아직도 마법을 바란다. 말로는, 머리로는, 마음으로는 구원 따위 없다는 것을 안다. 그래도 밑바닥에 묻힌 소망의 유해가 남아있다. 누군가 나를 온전하게 구원해주기를.

에로스의 빈자리

 당신이 좋아하는 음악이 귀를 채우고 머리 안의 액체를 뒤흔든다. 내가 좋아하지 않는 시끄러움 속에서도 좋아할 만한 구석을 찾아보려는 나를 발견한다. 사랑은 나를 비워내고 한 사람을 온전히 받아들이는 것이라는 구절이 떠오른다.

 연애는 버스가 아니다. 손을 살짝 내밀거나 존재를 슬쩍 티 내기만 하면 멈추어서 당신을 태웠다가 당신이 빨간 벨만 누르면 훌쩍 내릴 수 있는 것은 연애가 아니다. 옷자락을 몇 번만 털어내면 쉽게 지워지는 사람은 사랑이 아니다. 온몸을 다해 부딪히고, 나와는 이질적인 타인이라는 존재를 전부 다 받아들일 준비를 하고, 그것이 영원하리라는 헛된 소망을 품고, 마침내 떠나갔을 때는 피부 아래의 내용물이 전부 비어버린 것같이 아파야만 에로스다.

우리는 에로스가 종말한 시대에 산다. 사랑은 오직 나를 보완하고 기분 좋게 만들어주는 것으로 전락했다. 부정성이 제거된 것에는 아름다움이나 깊이가 남지 못한다. 아홉 가지가 마음에 들어도 하나가 맞지 않으면 뒤로 물러난다. 상황이나 맥락과는 관계없이 정확한 반절을 바란다. 평생을 약속했다가도 쉽게 떨어져 나간다. 호르몬이 치솟던 기분이 끝나고 나면 훌훌 털어내고 다음 "사랑"을 찾으러 간다.

 문학은 죽고 자기계발서는 불티나게 팔리는 시대에 산다. 안락하게 사는 사람에게 충격을 주고, 세상의 충격으로 고통받는 사람을 위로해 주는 예술은 팔리지 않는다. 직관적이고 피상적인 지침, 단순하게 따르기만 하면 되는 남의 깨달음 모음집은 인기를 끈다. 자아라는 개념이 이렇게 대중화된 것은 그리 오래되지 않았다. 자기계발을 하며 오롯이 독립적인 개체로서 발전을 도모해야 한다는 관념이 수많은 사람에게 당연해진 것은 꽤 최근의 일이다. 스스로 더 나은 사람이 되기 위해 노력하는 것, 자신의 온당한 권리를 주창하고 보호하는 것은 좋은 방향일 수 있다. 하지만 그것이 사랑마저 침

범한다. 사랑에마저 손해를 용납할 수 없어진다. 손해도, 양보도, 상처도 없어진 사랑은 더 이상 사랑이 아니다. 껍데기만을 가까스로 긁고 스러지는 얄팍한 애정일 뿐이다.

  나는 당신에게 고작 그것을 주려고 하는 게 아니다. 꾸물거리는 씨앗이 고작 한 계절 꽃을 피우고 시들기를 바라는 것이 아니다. 연약한 초록 줄기가 단단한 둥치가 될 때까지 오랫동안 자리 잡기를 바란다. 뿌리가 지반 깊숙한 곳까지 침습하기를. 당신이 뽑혀나간다면 나도 뒤집혀버릴 만큼 깊은 자국을 내주기를 바란다. 온 마음을 다해 당신에게 부딪혀보면, 당신도 껍데기를 벗어버리고 나에게 오기를.

가면

 갈데없는 억울함을 분노와 증오의 형태로 인터넷에 풀어내는 사람들이 숱하게 보인다. 현실에서 얼굴을 맞대면 그들은 분명 적당히 괜찮은 사람일 것이다. 멀쩡하게 기능하는 인간들이 익명이라는 가면만 쓰면 달라진다. 얼굴 없는 집단이나 욕받이로 여기는 특정인을 향해 정제되지 않은 혐오를 표현한다. 그것이 나를 향하지 않을 때도 힘껏 말리려고 노력했다. 날것의 감정이 혀끝이나 손끝을 통해 언어화되는 순간, 말은 힘을 가지기 때문이다. 그저 목 아래로 삼키면 스쳐 지나가 아무것도 남기지 않을 찰나의 기분조차 말로 내뱉는 순간 강렬하게 흔적을 남기는 감정이 된다. 말은 쏟아져 나가 누군가에게 닿는다. 자신에게뿐만 아니라 세계에, 다른 사람에게 흔적을 남기는 말은 언제나 힘을 가진다.

 다른 사람의 얼굴을 마주한 채 현실에서 목을 울려 꺼내기는 어려운 말이 억제되지 않은 인터넷 세상에서만 쉽게 흘러나온다. 어쩌면 억제기가 없이 쏟아내는 그것들이 사람의 본모습이 아닐까 하는 회의감이 들 때가 있다. 날것의 인간은 사실 악하고 추한 것 아닐까. 이 모든 사람도, 나도, 다 마찬가지 아닐까. 그런 비관적인 생각이 든다. 문득 사람들과 마주하기 싫을 만큼 사람에 지친다. 인간을 사랑해서 내 인생을 전부 쏟아부으려는 각오가 닳을 때가 있다.

나는 그럴 때 말의 힘을 떠올린다. 가면 뒤에 숨어 쉽게 타자를 두드려서 나오는 말 부스러기가 아니라 성대를 떨어 공기를 올리고 마음에 가서 닿는 현실 속의 말. 오직 그런 말만이 힘이 있다고 믿는다.

사람은 모두 거미줄에 엉기어서 산다. 오직 사람만이 가질 수 있는 사랑과 인연이라는 거미줄에, 다시 말해 사회에 칭칭 묶여있다. 그런 실타래에 얽혀있다 보면 뱉고 싶은 말은 조금이나마 억제되고 날것의 욕망은 조금 억눌러진다. 그렇게 동물적인 본능을 내리누르고 사람과 사람 간의 사랑을 더 중시하는 마음을 나는 인간성이라고 믿는다. 삼킨 마음 대신 말로 옮긴 마음을 믿는다. 참아낸 충동보다는 참아내려고 한 인내심이 인간의 본성 쪽에 더 가까울 것이다.

 다시 사람에 대한 사랑이 차오른다. 그것만큼은, 오직 사람과 사람 사이에 피어나는 애정만큼은, 참지 않고 말로 옮겨도 되는 마음.

중력

지진이 났다. 오래된 창틀에서 유리는 소란스레 흔들렸고 아이들의 마음 또한 불안에 휘어 웅성거렸다. 계단을 내려갔다. 화단의 흙을 밟았다. 그 순간 지반이 흔들렸다.

두 발을 붙인 곳이 흔들린다는 감각.

그것은 어떤 결핍과도 달랐다. 사람들은 무릇 그런 말들을 한다. 공기나 물처럼 자연스럽게 곁에 있는 것들은 너무도 당연해서 우리는 그에 대한 감사함을 느낄 줄 모른다고. 하지만 사람은 자의적으로 공기와 물에 대한 결핍 상황을 만들어낼 수 있다. 코를 막고 입을 닫으면 숨을 참아볼 수 있다. 일정 시간 숨을 참다가 숨구멍이 열리는 순간 쪼그라든 폐로 밀려드는 공기가 얼마나 달콤한지. 무더운 여름날 바짝 마른 혀에 물줄기가 닿으면 그 얼마나 감로 같은지. 짧게라도, 얕게라도 결핍을 체험할 수 있는 종류의 것들은 그 소중함도 쉽게 체감할 수 있다.

  그러나 중력은 달랐다.

  대부분의 사람은 중력이 없는 상황을, 지반이 흔들리는 상황을 잘 경험하지 못한다. 태어날 때부터 커갈 때까지 내가 발을 딛고 사는 땅은 언제나 굳건하게 그곳에 있다. 딛고 설 땅이 흔들린다는 것. 흙 알갱이들이 발아래서 흔들려서 갑자기 푹 꺼질 수도 있다는 것. 단단한 지각이 조각나면 콩알만 한 사람은 한순간에 없어질 수도 있다. 원래부터 존재조차 하지 않았던 것처럼 사라질 수 있다.

  인간은 아주 보잘것없는 존재다. 나 또한 그렇다.

  그래서 인간은 중력만 가지고는 땅에 두 발을 붙이고 살아갈 수 없다. 살아갈 수는 있으나 끊임없는 불안에 초조해한다. 그래서 중력보다는 미약하지만 끈끈한 인연을 만든다. 칭칭 동여매서 서로를 묶어놓는다. 그렇게 빨간 실로 얽히고설킨 거미줄 속에서 살아가는 것. 그것을 누군가는 사회라고 부른다.

 자연의 섭리보다 보잘것없고 작은 인간들의 꾸물거림.

우리들의 결핍

 저는 사람이라면 누구에게나 결핍이 있다고 생각합니다. 결핍이라는 단어는 다른 종류의 내면적 상처와 결을 조금 달리합니다. 대부분의 상처는 채웁니다. 피가 흘러서, 눈물이 넘쳐서, 슬픔이 목구멍까지 차올라서. 그러나 결핍은 구덩이입니다. 수복하는 것이 불가능한 손상이라고 말할 수도 있겠습니다. 결핍은 낫지 않습니다. 빈자리를 채우기 위해서 많은 것을 끼워 넣어 봐도 원래 그 자리에 있어야 할 것이 아니기에 그 무엇도 들어맞지 못합니다. 그러나 시도가 헛되다는 것을 알아도 그것을 멈출 수는 없습니다. 결핍을 그대로 내버려두고서 제대로 살아가기에는 너무 고통스럽기 때문입니다.

 그런 헛손질을 여러 해 반복하고, 손짓이 점점 느려지고, 그리고 마침내 마음이 고요해지기까지 오랜 시간이

걸렸습니다. 그런 오랜 집착은 쉽게 흐려지지 않습니다. 자신의 내면에서 결핍을 파고들다가, 세상에 시선을 돌려보니 낯선 사람의 눈에서, 오랜 사람의 습관에서, 문득 날아온 질문에서, 아무 말도 없는 침묵에서 결핍을 발견하게 되더군요. 곰곰이 생각해보았습니다, 결핍에 대해서. 그리고 이제 저는 묻고 싶습니다.

 당신의 결핍은 무엇입니까?

 누구에게나 이 질문이 필요하다고 생각합니다. 결핍이 사람의 가장 중요한 굴곡이라서가 아닙니다. 결핍이야말로 사람을 사람답게 만드는 것이기 때문입니다. 우리는 모든 것에 시멘트를 덧바르고 매끈하게 도로를 포장하고 울퉁불퉁한 날것을 은폐해버리는 시대를 버티고 있습니다. 살아 숨 쉬며 움트는 모든 것을 매끈하게 다듬으면 그곳에 남는 건 아름다움이 아니라 삶을 잃어버린 부스러기뿐인데 말이죠. 너무 매끈하고 아름다워서 동공 안쪽에 남은 게 없이 겉껍데기만 남아버린 사람을 저는 좋아하지 못합니다. 안에 무언가를 꽁꽁 숨기고 삐걱거리는 웃음을 짓는 사람의 포장을 파헤쳐버리고 싶어지죠. 당신의 안에 숨어있는 그것이, 당신이 부끄러워하는 그것이 바로 당신을 매끄럽지 않게, 인간답게, 숨으로 가득하게, 그래서 아름답게 만들기 때문입니다.

  그래서 이 종잇장들의 바람은 오직 하나입니다. 시를 통해서 어떤 미욱한 사람이 결핍을 어떻게 바라보는지 엿보기를. 에세이를 통해 조금 더 풀어진 이야기를 듣고, 현실에 존재치는 않지만 세상 어딘가에 살아 숨쉴 것 같은 사람들의 이야기를 읽어보기를. 그래서 결핍에 대해 생각해보게 되고, 당신의 결핍이 무엇인지에 대해서 내면을 조금 들여다보는 계기가 되기를.

지은이　김효찬

도로;시

초판 1쇄 발행 2024년 3월 31일

편집자 정한나 임지인 장서영
펴낸이 조승래
펴낸곳 밤산책가
디자인 장예슬
출판등록 제2023-000024호
주소 광주광역시 동구 금남로 245
연락처 yeosu115@naver.com

밤산책가

ISBN 979-11-974185-9-4
ISBN 979-11-974185-7-0 (세트)